Mapaches

Bandidos amistosos!

Dr. Richard A. NeSmith

Serie Amor por la Naturaleza

Publicacion Numero 1

♥© 2021 Richard A. NeSmith
Serie Amor a La Naturaleza

http://richardnesmith.obior.cc/

Todas las imágenes de este libro son propiedad de sus respectivos autores

Dr. Richard A. NeSmith
dr.nesmith@gmail.com

MAY 2021

ISBN: 9798744716745

NIVEL DE GRADO DE FLESCH-KINCAID: 8.2

DEDICACIÓN

Este folleto sobre la vida silvestre es el primero de una serie y está dedicado a Michael Gardner, mi amigo de la infancia. El tenía el primer mapache mascota que encontré. Era hermoso y me daba mucha curiosidad con el, pero Mike Gardner tuvo cuidado de enseñarme a respetarlo, porque ademas era un animal salvaje. Espero que disfruten de este folleto lleno de datos y fantasías sobre los mapaches, los bandidos amistosos.

SOBRE LOS MAPACHES

Los mapaches son mamíferos nativos que se encuentran en todo los Estados Unidos. Se dice que el explorador Cristóbal Colón fue el primer europeo en escribir sobre los mapaches.

La palabra mapache es una palabra nativa de Powhatan que significa "animal que se rasca con las manos". El nombre científico es Procyon, que también significa "antes de lavador de perros". Entonces, en realidad, ellos son nombrados asi por el uso que hacen de las manos. Usan sus manos para ver su ambiente. Sus manos son algunas de las más coordinadas y

ágiles de todos los animales y tambien son muy rápidas. A diferencia de la mayoría de los animales, recogen su comida y se la llevan a la boca en lugar de inclinarse y comer como lo haría un perro o un gato. Pueden sostener y

manipular la comida fácilmente con los cinco dedos de cada pata (que tiene un pulgar oponible) y prefieren lavar o humedecer la comida en agua. Mojar sus patas parece aumentar la sensibilidad de ellas. Son tan inteligentes y coordinados; incluso pueden abrir recipientes de comida para humanos, neveras portátiles y hieleras. El mapache tiene órganos de tacto / tacto extremadamente sensible en las puntas de los dedos de los pies (dedos) que casi actúan como papilas gustativas. Les ayudan a determinar qué es comestible y qué no. Se podría decir que los mapaches están sintiendo su comida. Incluso podría ser justo decir que estos receptores casi actúan como ojos, ya que el mapache usa sus manos para palpar la comida sin mirarla o sin necesidad de verla.

Capturan mucha comida sacándola del agua. En especial, les gustan los cangrejos de río y las ranas.

Hay seis especies diferentes en los Estados Unidos. Son comunes y son nativos

de América del Norte y Central, y parecen diferir
principalmente en tamaño. Aunque parecen más felinos en
apariencia, se cree que están más relacionados genéticamente
con los osos.

Fueron perseguidos por sus pieles en el Nuevo Mundo desde 1790-1890. Tanto es así que se volvieron invasores en otras

partes del mundo debido a que se exportaron a Europa para el cultivo de pieles. Tienen un pelaje muy suave, y el pelaje interior es más grueso y constituye casi el 90 por ciento de este pelaje.

Los mapaches están muy orientados a la familia y se sabe que protegen a sus crías con pasión. Aunque parecen ser muy tímidos pero amigables, hay que respetarlos y darles su espacio. Hay que disfrutarlos a la distancia. Nunca asuma que un animal salvaje es manso. Hay una razón por la que se les llama "salvajes" y forman nuestra maravillosa "vida salvaje". Los mapaches, como la mayoría de los animales salvajes, pueden ser impredecibles y agresivos.

Tienen 40 dientes, que incluyen cuatro dientes caninos largos y afilados al frente. Sus garras son afiladas. Nunca arrincones a un mapache. Si necesita eliminar un mapache, llame a un especialista en remoción de vida silvestre. Saben qué hacer para evitar lesiones o evitar dañar a un mapache. Recuerde que una madre mapache morirá por sus crías.

Son omnívoros, lo que significa que comen *casi cualquier cosa*. Pueden causar estragos en los jardines ya que les encantan las frutas y verduras frescas. Comen insectos, huevos, aves de corral, ratas, ardillas, pájaros, peces, cangrejos, serpientes, gusanos, ranas, moluscos e incluso ganado menor. Si está disponible, comerán comida para mascotas, carroña (animales muertos) y basura humana. Algunos mapaches criados desde el nacimiento han sido domesticados. Generalmente, esto requiere un permiso del la localidad en el que se vive. Uno fue incluso una mascota del presidente Coolidge en la Casa Blanca hace mucho tiempo.

Los mapaches son aproximadamente del tamaño de un perro pequeño de 8 a 23 libras (3 a 10 kg), y se distinguen más por su máscara negra sobre blanco y su cola de anillos tupidos.

¡El más grande registrado fue de 60 libras (27 kg)! Algunos tienen cuatro rayas en la cola y otros tienen cinco. Los machos son generalmente más grandes que las hembras. La vista de un mapache no es muy buena. La "máscara" oscura en realidad tiene un propósito distinto al de hacerlos parecer ladrones adorables.

La "máscara" ayuda a mejorar la visión, aunque su vista no es muy buena. La banda oscura reduce el deslumbramiento al absorber la luz durante la luz solar brillante, al igual que la grasa negra que aplican los jugadores de béisbol y fútbol durante un juego diurno. También reduce el brillo de la luz que lo distrae durante la noche fuera del centro de visión. Su oído, sin embargo, es excelente. Esa es una de las razones por las que no ve la mayoría de los mapaches presentes durante su caminata porque la voz de un humano a menudo los envía a esconderse.

También han sido considerados uno de los animales más inteligentes del bosque, considerado justo por debajo de los grandes simios y monos. Son mucho más inteligentes que tu perro. Algunos estudios revelan que los mapaches pueden recordar soluciones o tareas hasta por 3 años. Se ha descubierto que copian las acciones de los demás que son beneficiosos para la supervivencia. Aunque se dice que se pueden entrenar fácilmente, son demasiado salvajes para

contenerlos. Son tan curiosos que les encanta explorar y pueden crear un gran lío de cosas, especialmente si entran en la casa de una persona. Pueden ser bastante alborotadores y causar problemas. En algunos casos, incluso han entrado en hogares y han instalado guaridas.

Aunque son nocturnos (criaturas nocturnas), no es raro verlos durante el día. Son muy sociables e incluso limpios, y donde ves uno, probablemente haya otro cerca. Los mapaches emiten más de 50 sonidos diferentes para comunicarse, incluidos silbidos y ronroneos. Parece que duermen principalmente durante el día. En el invierno duermen aún más, a menudo agotando la grasa almacenada, pero no hibernan. Sin embargo, en las regiones frías, experimentan letargo en el que el metabolismo y los órganos del cuerpo son lentos. No es una verdadera forma de hibernación, pero cercana. Pueden dormir en estado de letargo durante aproximadamente una semana antes de despertarse para buscar comida y agua.

Algunos piensan que el significado de la cola anillada es que un depredador atacante sería lo primero que viera. Por lo tanto, la cola podría ser atacada primeramente, dejando al mapache libre para corretear con vida. Los mapaches también pueden girar la cabeza 180 grados (¡la mayoría de las personas solo pueden girar la cabeza 90 grados hacia la izquierda o hacia la derecha!). Se ha convertido, con la máscara de ojos negros, en la marca registrada del mapache.

En un momento, se creía que los mapaches siempre tenían que sumergir su comida en agua porque les faltaban glándulas salivales. Desde entonces, los biólogos han descubierto que tienen glándulas salivales que funcionan perfectamente bien. Sin embargo, el deseo de sumergir su

comida en agua es tan fuerte que realizan esos movimientos incluso si el agua no está presente. La práctica de sumergir la

comida en agua se llama mojar y parece aumentar el sentido del tacto del mapache.

Los mapaches prefieren ambientes densamente boscosos con acceso a árboles, agua y abundante vegetación. Sin embargo, parecen haberse

adaptado a casi cualquier ambiente y, a menudo, prosperan en las ciudades.

Algunos biólogos han sugerido que los mapaches urbanos son incluso más inteligentes que los rurales debido a los obstáculos que deben superar para sobrevivir en un ambiente antinatural. En muchas ciudades, la gran cantidad de

habitantes de mapaches es inimaginable. Por ejemplo, en algunas partes de Washington, DC, se ha dicho que los mapaches suman alrededor de 300 por kilómetro. Toronto, Canadá, puede tener la mayor población de mapaches urbanos que cualquier otro lugar, e incluso se la ha llamado la "capital mundial de los mapaches". Allí, estos súper mapaches se conocen cariñosamente como "los pandas basura".

La población de mapaches puede ser 20 veces mayor en las áreas urbanas en comparación con las áreas rurales. Entonces, donde hay comida, probablemente haya mapaches. En un bosque, hacen madrigueras en partes huecas de árboles o madrigueras abandonadas, como las de la tortuga de tierra. Un grupo de mapaches se llama mirada.

Algunas guaridas pueden contener hasta 30 mapaches, aunque es más común tener solo cuatro. Su "territorio" puede variar hasta 18 millas (11 km), y las marcan con su excremento, con materia fecal que mide de 2 a 4 pulgadas (5 a 10 cm). También son excelentes nadadores.

Aunque son muy graciosos y a menudo se les dan atributos similares a los humanos (llamados antropomorfismo) como ser atractivos, amigables, adorables y cariñosos, pueden convertirse en molestia ambiental. Son solucionadores de problemas y buscan formas de obtener alimentos que la mayoría de los animales no pueden hacer. Algunos ejemplos son de abrir botes de basura o poner un artículo dentro de un recipiente para elevar el nivel del agua, haciendo que la comida sea accesible.

Aquí intenté tomar una fotografía del mapache antes de que se escapara rápidamente hacía las maleza. Noté que ella se negaba a hacer contacto visual. --R. NeSmith

La veterinaria Dra. Laurie Aleixo ha ayudado a rehabilitar a muchos mapaches, incluidos los bebés, afirma que cada mapache que ha rehabilitado tiene su propia personalidad. Son muy confiados en cautiverio cuando saben quién les proporciona su alimento.

Han podido abrir puertas, quitar cerraduras, girar pernos,

botones y entrar o salir de cajas. Algunos hacen sus casas, llamadas guaridas, en los áticos de las casas, e incluso se sabe que algunos asaltan el armario.

Finalmente, debemos mencionar que los mapaches son fácilmente susceptibles a la rabia, una enfermedad altamente contagiosa resultante de un virus que se propaga a través de la saliva de los animales infectados. Son los principales portadores de la rabia en los Estados Unidos, seguidos de los zorros, zorrillos y murciélagos. La enfermedad se puede contagiar al ser mordida por un animal infectado. La rabia se puede transmitir a los seres humanos y, aunque se puede tratar con medicina, puede provocar la

muerte. Los mapaches rabiosos son peligrosos porque sus cerebros se ven afectados de tal manera que los vuelven hostiles y atacan debido a la confusión que el virus crea. Los síntomas de la rabia pueden incluir dificultad para caminar, tropezar, parálisis en las patas traseras, confusión, desorientación, lastimarse, hacer ruidos inusuales, espuma en la boca y, en general, desorientación o sentarse sin mucho movimiento o actividad. Informe sobre estos animales a su guardabosques local. Mantenga siempre la distancia, pero especialmente evite a los animales que parezcan estar actuando de manera extraña.

Otra enfermedad que se debe considerar con los mapaches

son los gusanos redondos. Estos se eliminan en las heces del mapache (llamadas excrementos). Este parásito puede ingresar al cuerpo humano y causar enfermedades de los órganos e incluso de los ojos.

Los mapaches machos se llaman verracos, mientras que las hembras se conocen como cerdas. Los mapaches se reproducen durante el invierno y principios de la primavera. La mayoría de los bebés mapaches nacen en primavera

(marzo / abril) y hay de 3 a 5 en una camada, aunque puede haber hasta 7. Los mapaches bebés se llaman kits (o cachorros) y a menudo pasan los primeros dos meses en la guarida. Nacen ciegos y sordos y desarrollan estos sentidos durante la tercera semana de vida. Se destetan de la leche materna alrededor de los 2 a 4 meses. A las 12 semanas, se aventuran a salir de la guarida y comienzan a deambular y buscar comida toda la noche con su madre.

Debido a que los mapaches jóvenes todavía son susceptibles a los depredadores, la madre tendrá varios escondites para sus crías, en caso de que ocurra algún peligro. En un plazo de 8 a 12 meses, se vuelven independientes y, finalmente, se establecen por su cuenta. Cuando un mapache se siente amenazado por un atacante, generalmente huirá o trepará a un árbol. Debido a que sus patas delanteras son más cortas que sus patas traseras, un mapache parece encorvarse cuando camina o corre.

Los mapaches pueden correr hasta 15 mph (24 km/h) y se ha informado que pueden caer de 35 a 40 pies (11 a 12 metros) sin lastimarse. A diferencia de la mayoría de los mamíferos,

los mapaches pueden trepar o correr por un árbol de cabeza girando sus patas traseras 180 grados. Los mapaches suelen vivir de 2 a 3 años en estado salvaje. El mapache más viejo registrado vivió en cautiverio hasta los 22 años. No tienen

muchos depredadores naturales, pero un gran número muere anualmente a causa de los automóviles. Se sabe que linces, coyotes, lobos, panteras y halcones los atacan.

Recuerde que cuando se trata de animales salvajes, incluidos los mapaches, "lindo" es una percepción humana que les otorgamos y que es completamente subjetiva. De las fotos a continuación, uno puede parecer tan lindo y tierno y, sin embargo, muy peligroso en un instante de tiempo.

Al considerar a los mapaches, hemos descubierto que son animales hermosos y admirables que se encuentran en todo Estados Unidos. Tienen mucho éxito en su capacidad para sobrevivir en entornos naturales y áreas urbanas donde abundan las personas y los alimentos. Si está en un parque y ve un mapache, deténgase, observe y admire. No hay por qué temerle. Pero nunca lo alimente (ni a ningún otro animal

salvaje), porque al hacerlo perderá el miedo a los humanos, que es cuando se vuelven peligrosos. La mayoría de los animales temen a los humanos y eso conlleva seguridad tanto para los animales como para las personas.

Los mapaches son, de hecho, bandidos amistosos. Mantengámoslo de esa manera.

REPASO

1. ¿Qué significa realmente el nombre "mapache"?

2. ¿Qué tipo de dieta tienen los mapaches?

3. ¿Por qué los mapaches tienen tanto éxito, incluso en medio de vecindarios humanos en crecimiento?

4. ¿Cómo le ayuda la "máscara" del mapache a sobrevivir?

5. ¿Qué significa que a menudo hablemos de animales de forma antropomórfica?

6. ¿A qué enfermedad son más susceptibles los mapaches?

7. ¿Qué debe hacer si ve un mapache rabioso?

MAPACHE

PÁGINA PARA COLOREAR

http://clipart-library.com/clipart/19-6Tp5Xg6TE.htm

FUENTES INTERESANTES A CONSIDERAR:

Vídeos educativos para el aprendizaje. YouTube:
https://www.youtube.com/feed/my_videos

Video documental de National Geographic: Familia de
mapaches urbanos (2016). YouTube:
https://youtu.be/gzioRuXObOM

Dibujos de mapaches para colorear. YouTube:
http://clipart-library.com/racoon-coloring-
page.html

SOBRE EL AUTOR

Richard NeSmith es originario de Florida, EE. UU. Creció vadeando los pantanos del centro de Florida con sus dos hermanos menores durante la era anterior a Disney y, sin saberlo, se enamoró de la biología, la vida silvestre y la naturaleza. Ha vivido en siete estados estadounidenses, dos veces en Australia y una vez en la Ciudad de México. Tiene ocho títulos universitarios y ha sido profesor durante 14 años en escuelas secundarias, aquí y en el extranjero, y otros 13 años como profesor en varias universidades estadounidenses. Su servicio incluye profesor de educación científica, decano de educación, decano de campus e instructor en línea. Su pasión por aprender (y cómo aprendemos) no se desarrolló hasta después de graduarse de la escuela secundaria, y su única explicación es que tener una meta marcó la diferencia en el mundo. Le gusta la lectura, el excursionismo, la fotografía de naturaleza, el golf y el tenis.

Libros educativos, de vida salvaje y naturalistas
Dr. Richard NeSmith.

Principios Aplicados de Educación y Aprendizaje

PAE-Aprendizaje

Disponible en Amazon en la pagina:
http://amazon.com/author/richardnesmith

Tambien traducidos en español

Applied Principles of Education & Learning *presents*

Issue 1
Raccoons:
Friendly Bandits
Dr. Richard NeSmith

Issue 2
Sandhill Cranes
&
Pileated Woodpeckers
Flaming Redheads
Dr. Richard NeSmith

Issue 3
American
Alligators
&
Crocodiles
Dr. Richard NeSmith

Issue 4
Bobcats:
Ghostly Elusive
Dr. Richard NeSmith

Issue 5
Foxes:
Sneaky Rascals
Dr. Richard NeSmith

Issue 6
Armadillo:
Little Armored One
Dr. Richard NeSmith

Issue 7
Squirrels:
Bushy Tail Scampers
Dr. Richard NeSmith

Issue 8
River Otters:
Aquatic Clowns!
Dr. Richard NeSmith

Issue 9
Beavers:
Nature's Engineers !
Dr. Richard NeSmith

Issue 10
Black Bears
Titans of the Forest
Dr. Richard NeSmith

Issue 11
Freshwater
Turtles
Dr. Richard NeSmith

Issue 12
FUNGI, LICHENS
& MUSHROOMS
Dr. Richard NeSmith

Applied Principles of Education & Learning *presents*
https://amzn.to/325p92Y

AMAZON AUTHOR's PAGE:
https://www.amazon.com/author/richardnesmith

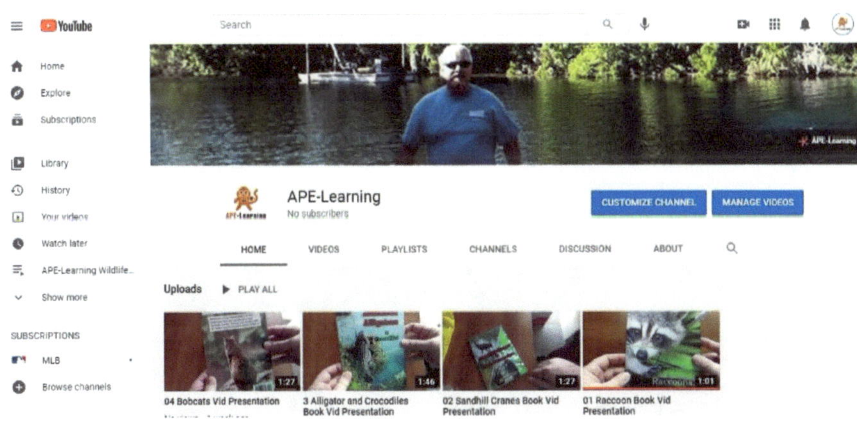

https://bit.ly/3d83m0T

Estela's Quality English/Spanish Translation Services

(estelaandfranklin@gmail.com)

☐ Quality Translations ☐ Quality References ☐ Quality Examples

Many thanks to the investment of time and quality Estela Victoria-Cordero put into this translation. -Dr. Richard A. NeSmith

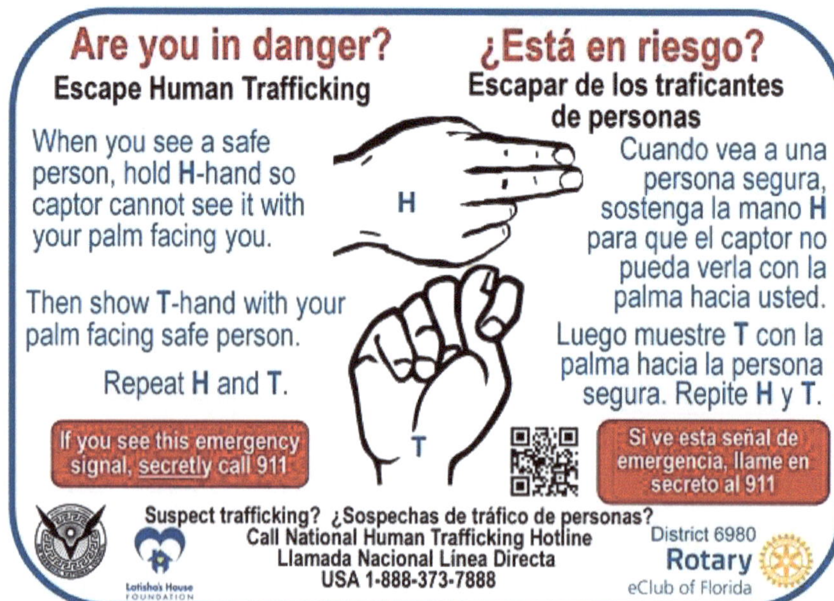

www.ingramcontent.com/pod-product-compliance
Lightning Source LLC
Chambersburg PA
CBHW040111270726
48664CB00040B/310